Anselm Grün

Die Weisheit des Pilgerns

Fotos von Jürgen Hohmuth

Gütersloher Verlagshaus

Inhalt

MISSIONS-1900
1914

EINLEITUNG

Wir wollen in diesem Buch über die Weisheit des Pilgerns nachdenken. Das deutsche Wort »weise« kommt von »vidi = ich habe gesehen«. Der Pilger sieht Vieles auf seinem Weg. Aber es ist nicht das Vielwissen, was ihn auszeichnet. Der Pilger sieht tiefer. Er kann die Dinge relativieren, die er sieht. Er sieht auf das Eigentliche. Das griechische Wort für Weisheit ist »sophia«. Für die Griechen ist der weise, der geschickt ist in seinem Handwerk, oder als Dichter in seinem Versbau. Doch später sind die weise, die ein gutes Leben führen. Sokrates nennt den weise, der weiß, dass er nichts weiß. Der Pilger, der Vieles sieht, relativiert das Wissen. Es kommt nicht auf das Wissen an, sondern darauf, das Sein überhaupt zu verstehen, in die Geheimnisse des Seins einzutauchen. Für Platon kommt die Weisheit allein Gott zu. Der Mensch ist weise, der das Gute und Schöne in der Welt sieht und darin Gottes Abglanz erkennt. Die Lateiner übersetzen die sophia mit sapientia. Es kommt von »sapere« = »schmecken«. Weise ist der, der sich selbst schmecken kann, der im Einklang ist mit sich selbst. Wer versöhnt ist mit sich selbst, der verbreitet auch nach außen einen guten Geschmack. Der Pilger will auf seinem Weg immer tiefer eindringen in das Geheimnis des Seins, in das Geheimnis des Lebens. Und er will auf dem Weg auswandern aus aller Zerrissenheit, um mit sich in Einklang zu kommen.

In allen Religionen und Kulturen gibt es das Phänomen des Pilgerns. Indem man sich äußerlich auf einen Pilgerweg machte, drückte man aus, dass der Mensch von seinem Wesen her Pilger ist. Er lebt und wandert auf dieser Erde. Aber dieses Leben ist nicht endgültig, sondern nur der Übergang zu einem anderen Leben. Der Pilger weiß, dass er sich hier auf der Erde nicht für immer einrichten kann. Er ist auf dem Weg, solange er lebt. Er ist als Mensch ein Pilger. Doch oft genug scheint er sich auf dieser Erde häuslich einzurichten. Die frühen Mönche haben die Idee des Pilgerns aufgegriffen. Sie wollten sich nicht einrichten. Sie haben nur in einfachen Zellen gelebt, die sie immer wieder verlassen haben, um noch tiefer in die Wüste zu ziehen. Und es gab Mönche, die ihr Leben lang gewandert sind. Sie haben ihren geistlichen Weg so verstanden, dass sie »propter Christum« – wegen Christus wandern. Sie wollen sich nicht festsetzen. Sie wollen immer in Bewegung auf Christus hin sein. Als dann die Mönche – vor allem unter dem Einfluss des hl. Benedikt – »stabilitas« gelobten, das Bleiben an einem Ort und in einer festen Gemeinschaft, haben sie ihr inneres Pilgersein nicht abgelegt. Vielmehr haben sie dann das Schweigen als die wahre Pilgerschaft verstanden: »Peregrinatio est tacere«, sagen sie: Das wahre Pilgern ist das Schweigen. Im Schweigen wandern wir aus aus der Wohnung des Wortes. Denn das Wort ist wie ein Haus, in dem man wohnen kann. Wer schweigt, verlässt die Geborgenheit des Wortes. Er begibt sich auf die innere Reise der Stille.

Beinahe alle Religionen kennen Pilgerwege. Die Griechen zogen zu den Orakelorten, an denen sie die Weisung Gottes erwarteten. Die Juden zogen zum Tempel nach Jerusalem. Die Wallfahrtspsalmen beschreiben die Faszination, wenn die Pilger in die Nähe Jerusalems kamen. Da schlug ihr Herz höher, weil sie Gottes herrliche Nähe erwarteten. Die Buddhisten pilgerten zu den Wirkungsorten Buddhas. Sowohl in Tibet als auch in China gab es schon vor dem Buddhismus Traditionen des Pilgerns. In allen Religionen machte man sich auf den Weg zu bestimmten Orten, an denen man Gottes Nähe in besonderer Weise erfahren durfte. Dabei wollte man ausbrechen aus der vertrauten Umgebung. In allen Religionen war die Ahnung, dass der Mensch zwei Pole hat: den einen Pol der Sesshaftigkeit. Der Mensch baut sich ein Haus, um darin zu wohnen. Er bestellt die Felder, um davon zu leben. Der andere Pol ist der Pol der Wanderschaft und Pilgerschaft. Der Mensch ist immer auf dem Weg. Er ist letztlich auf dem Weg zu Gott. Und Gott kann man hier auf Erden nie erreichen. Daher ist das Leben ein beständiger Weg, eine beständige Pilgerschaft.

Für viele ist das Pilgern ein Weg menschlicher Selbstwerdung. Pilgern ist ein archetypisches Symbol für jeden Menschen. »Der Pilger ist der Archetyp der Veränderung, die Figur, die in der Psyche auftaucht, wenn es Zeit ist, wieder aufzubrechen und eine neue Welt zu suchen.« (Arnold 125) Der Pilger bekennt, dass er die Antwort auf die tiefsten Fragen seines Lebens nicht weiß. Er geht auf Wanderschaft, um die Antwort auf seine Fragen zu finden. Von Zeit zu Zeit werden wir vom Archetyp des Pilgers ergriffen. Dann müssen wir wie Abraham aus allem Bekannten und Vertrauten ausziehen, um unserer inneren Sehnsucht zu folgen. Pilgern heißt, den Weg der Sehnsucht zu gehen. Die Sehnsucht aber führt uns über diese Welt hinaus. Sie zeigt uns, dass in uns etwas ist, das diese Welt übersteigt. Im Pilgern kommen wir in Berührung mit unserer Sehnsucht. Die Sehnsucht ist die Spur, die Gott in unser Herz gegraben hat. Um sie zu spüren, müssen wir den Spuren folgen, die andere Pilger in diese Welt eingegraben haben.

Zur Menschwerdung gehört es, dass wir in Berührung sind mit dem Archetyp des Pilgers. Wenn der Archetyp des Pilgers in uns lebendig wird, dann müssen wir uns aufmachen, um das Vertraute und Erreichte hinter uns zu lassen. Sonst erstarren wir innerlich. Sonst verbrauchen wir unsere Energie damit, am Status quo festzuhalten und ängstlich darüber zu wachen, dass alles beim Alten bleibt. Zur Lebendigkeit brauchen wir den Pilger in uns. Nur so bleiben wir auf dem Weg, innerlich wie äußerlich. Doch zugleich erlebt der Pilger innere und äußere Hindernisse. Viele haben Angst, sich auf den Weg zu machen. Denn der Aufbruch würde sie in die Einsamkeit treiben. Der Pilger hat ein Gespür dafür, dass die Welt ihm fremd geworden ist. Aber er weiß nicht, was ihn auf dem Weg erwartet. Seit jeher haben die Märchen und Mythen der Völker beschrieben, dass den Pilger manche Gefahren erwarten, die er bestehen muss. Aber zugleich sagen die Märchen und Mythen, dass der, der sich auf den Weg des Pilgers gemacht hat, auch schützende Begleiter findet. Das können Feen oder Tiere sein oder ein Einsiedler oder ein Jäger, der im Wald wohnt. Es sind immer Bilder dafür, dass dem Pilger aus seinem Unbewussten nährende, schützende und wegweisende Kräfte zufließen.

Nicht von ungefähr haben zahlreiche spirituelle Autoren den geistlichen Weg als Pilgerweg beschrieben. Wer spirituell lebendig bleiben will, muss sich auf den Pilgerweg zu Gott machen. Er hat Gott nicht als Besitz. Er geht Gott entgegen. Im Fahren wird er erfahren, im Wandern bewandert. Und im Wandeln wandelt er sich, damit Gott mehr und mehr von ihm Besitz ergreift. Für viele ist daher das Pilgern vor allem ein spiritueller Weg. Die Pilger wollen sich auf ihrem Weg für Gott öffnen. Sie wollen alles loslassen, was sie von Gott trennt. Und sie wollen am Ziel ihrer Pilgerschaft Gottes heilende Nähe in besonderer Weise erfahren.

Das deutsche Wort Pilger kommt vom lateinischen Wort »peregrinus«. Das wiederum hat die Wurzel von »ager« = Acker. Peregrinatio bedeutet: in der Fremde sein, auf dem Acker sein, dort, wo man gewöhnlich nicht lebt, eben in der Fremde. Wesentlich für die peregrinatio ist die Abwesenheit von Heim, Haus und Vaterland. Das Wort kann sowohl den Vorgang des Wanderns und Reisens als auch den Aufenthalt, das Wohnen im fremden Land bedeuten. Der Lateiner übersetzt mit »peregrinatio« das griechische Wort »xeniteia«. »Xenos« ist der Fremde, der Ausländer, aber auch der Gastfreund. Denn der Fremde, der andersartig, nicht durchschaubar, beängstigend und unheimlich wirkt, muss gastfreundlich aufgenommen werden. Im Fremden erfahren wir, dass wir selbst fremd sind auf dieser Erde. Daher hatten alle Religionen immer das Gebot, den Fremden, der ursprünglich rechtlos war, aufzunehmen. Denn – so meinen die Religionen – der Fremde steht unter dem besonderen Schutz der Götter.

CALLE
DE
SANTIAGO

Als Pilger spürten die Menschen, dass sie sich nicht einfach einrichten konnten dort, wo sie lebten. In ihnen lebt noch etwas anderes. In ihnen lebt die Ahnung von Weite und Freiheit. Das Fremde ist immer auch das, was sie fasziniert, was ihnen an ihrer Menschwerdung noch fehlt. Die Pilger wollten neue Erfahrungen machen. Jesus zitiert im Lukasevangelium ein Sprichwort, das auch die Griechen kannten: »Die Füchse haben ihre Höhlen und die Vögel ihre Nester; der Menschensohn aber hat keinen Ort, wo er sein Haupt hinlegen kann.« (Lukas 9,58) Jesus stellt den Menschen den Tieren gegenüber, die zwar umherziehen und herumfliegen, aber dann doch Höhlen und Nester haben, in denen sie sich ausruhen können. Der Mensch aber ist von seinem Wesen her unbehaust. Er ist letztlich nur in Gott zuhause. Lukas, der Grieche, denkt hier sicher an Platon, der die Fremdheit der menschlichen Seele beschrieben hat. Die Seele hat in Gott ihre Heimat.

In unserer Zeit übt das Pilgersein eine neue Faszination auf die Menschen aus. Seit Jahren wird der Pilgerweg nach Santiago de Compostela immer beliebter. Zahlreiche Pilger, alte und junge, christliche und nicht-christliche, kirchliche und kirchenfremde gehen diesen Weg. Sie suchen auf ihrem Weg das Geheimnis ihres Lebens. Sie haben den Eindruck, dass sie auswandern müssen aus alten Gewohnheiten. Sie erfahren auf dem Weg das Wesen des Menschseins. Denn Menschsein bedeutet wesentlich: auf dem Weg sein. Seit jeher ist der Weg ein Ursymbol für das, was den Menschen ausmacht.

Der Mensch ist wesentlich einer, der auf dem Weg ist. Er bewegt sich. Er bleibt nicht stehen. Für die Bibel ist der Weg zum Urbild des Glaubens geworden. Abraham, der ausgezogen ist aus seinem Land, aus seiner Verwandtschaft und aus seinem Vaterhaus, ist Vorbild für alle Glaubenden geworden, und für alle Pilger. Die frühen Mönche haben den dreifachen Auszug Abrahams als Symbol für ihren eigenen Weg gesehen. Dabei haben sie die drei Orte, aus denen Abraham ausgezogen ist, als drei Weisen des Ausziehens verstanden:

1. Der Auszug aus dem Land bedeutet: Ich ziehe aus aus den Bindungen und Abhängigkeiten, aus Gewohnheiten, die mich gefangen halten, aus Beziehungen, in denen ich unfrei bin. Ich lasse die Fesseln hinter mir, die mich einengen, die Bilder, die andere mir übergestülpt haben, die Erwartungen, die mich einengen. Ich ziehe aus dem Land aus, das mir vertraut ist, in dem ich heimisch geworden bin. Ich lasse die Beziehungen los. Ich kann mir vorstellen, wie ich beim Wandern gleichsam all die Stricke hinter mir lasse, die mich vom Rücken her ziehen und festhalten möchten.

2. Der Auszug aus der Verwandtschaft bedeutet für die Mönche: Ich ziehe aus aus den Gefühlen der Vergangenheit. Das bedeutet einmal: Ich lasse die Verletzungen los, die ich in meiner Lebensgeschichte erlebt habe, vor allem die Verletzungen durch Vater und Mutter. Ich verzichte darauf, sie als Vorwand zu benutzen, nicht meinen eigenen Weg gehen zu können. Und ich verzichte darauf, sie als Vorwurf gegen die zu nehmen, die mich verletzt haben. Ich klage nicht an. Ich lasse die Verletzungen hinter mir. Ich ziehe aber auch aus aus den schönen Gefühlen der Vergangenheit. Es gibt Menschen, die kreisen immer nur um ihre Kindheit. Ausziehen heißt: die Vergangenheit hinter sich lassen und jetzt im Augenblick sein und mich dem zuwenden, was gerade ist.

3. Der Auszug aus dem Vaterhaus bedeutet: Ich ziehe aus aus dem Sichtbaren, aus dem, was mir Heimat gibt. Letztlich ziehe ich aus der Welt aus. Ich gehe auf Gott zu. Der Weg ist letztlich ein innerer Weg, ein Weg zu Gott. Das Sichtbare meint auch den Besitz. Ich ziehe aus dem Besitz aus. Ich mache mich auf den Weg der geistlichen Armut. Ich will nichts anderes besitzen als Gott.

Ein Wort aus der jüdischen Spiritualität des Chassidismus deutet den dreifachen Auszug Abrahams als Auszug aus den Trübungen, die uns unser wahres und ursprüngliches und unverfälschtes Bild, das Gott sich von uns gemacht hat, verstellen. Der erste Auszug ist der Auszug aus den Trübungen, die der Vater uns bereitet hat, wenn er seine eigenen Probleme auf uns projiziert hat. Der zweite Auszug: Wir ziehen aus aus den Trübungen, die die Mutter uns bereitet hat, wenn sie in uns ihre eigenen ungelebten Anteile hineingelegt hat. Und der dritte Auszug bedeutet: auswandern aus den Trübungen, die wir uns selbst bereitet haben, aus den Bildern, die wir uns selbst übergestülpt haben, aus den Bildern unseres Ehrgeizes, unseres Größenwahns, unserer Minderwertigkeit, unserer Selbstentwertung oder Selbstaufblähung. Auswandern heißt: frei werden von allen Trübungen, in die ursprüngliche und unverfälschte Gestalt hineingehen, die Gott uns zugedacht hat. Søren Kierkegaard, der dänische Religionsphilosoph, hat das Auswandern als Sich-Freiwandern erfahren. Er meinte einmal, er kenne keinen Kummer, von dem er sich nicht freigehen könnte. Manchmal halten uns unsere Emotionen gefangen, unsere Enttäuschungen, unsere Bitterkeit, unser Ärger, unsere Eifersucht. Auch wenn wir noch so viel darüber nachdenken, wir werden einfach nicht frei von den heftigen Gefühlen, die in uns stürmen. Da kann das Gehen ein Auswandern aus diesem inneren Chaos sein. Wir gehen uns frei von allem, was uns bestimmt, bis wir uns selber spüren und wir bei uns selbst ankommen.

Der zweite Aspekt der Pilgerschaft ist die Verwandlung. Wandern hat mit Wandlung zu tun. Wer wandert, wandelt sich. Unser Leben besteht in einer beständigen Verwandlung. Wer sich nicht wandelt, der bleibt innerlich stehen. Er entwickelt sich nicht, er wird starr. Leben heißt, dass wir ständig in Bewegung sind, dass wir uns nicht ausruhen können auf den erreichten Erfolgen, auf dem Besitz, den wir erworben haben, auf dem Reifegrad, zu dem wir uns entfaltet haben. Wir müssen uns immer wieder neu auf den Weg machen, um innerlich wie äußerlich weiter zu kommen. Nur wer wandert, wandelt sich. Und nur wer sich wandelt, bleibt lebendig. Ich kann nie sagen: Ich weiß jetzt, wie Leben geht. Das Leben ist voller Überraschungen. Nur wenn ich bereit bin, auf dem Weg zu bleiben, bleibe ich lebendig. Sonst werden die Worte, mit denen ich bisher auf die Fragen des Lebens geantwortet habe, schal. Ich bleibe stehen und weigere mich, mich dem Fluss des Lebens anzuvertrauen.

Der dritte Aspekt des Pilgerns ist das Ziel. Wir gehen auf ein Ziel hin. Das Ziel aber ist nie nur ein äußeres Ziel, das wir uns auf der Landkarte ausgesucht haben. Novalis hat die berühmte Frage gestellt: »Wohin denn gehen wir? – Immer nach Hause.« Wir sind letztlich immer auf dem Weg nach einem letzten Zuhause, nach einer Heimat, in der wir ganz daheim sein können. Und dieses Zuhause ist nie nur eine Herberge, die uns für eine Zeit lang birgt und Geborgenheit schenkt, sondern letztlich ein ewiges Zuhause. Paulus drückt die Erfahrung des Novalis in den Worten aus: »Unsere Heimat ist im Himmel.« (Philipper 3,20) Wir sind auf dem Weg nach einer himmlischen Heimat. Die Pilger sind immer auf ein spirituelles Ziel hin gewandert, zu einer griechischen Orakelstätte hin, auf eine Kirche auf dem Berg. Dort haben sie mitten auf dem Weg etwas von der Heimat erfahren, in der sie für immer daheim sein dürfen. Ihr Pilgerweg hatte ein Ziel: Es war ein Ziel in der Ferne, ein Ort, an dem sie sich Gott besonders nahe fühlten. Aber letztlich war das Ziel immer auch der Ursprung. Der Pilger machte sich auf den Weg, um dort anzukommen, wo er herkommt, um den Ursprung seines Menschseins zu erkunden. Am Ziel angekommen, kehrte er zurück in seine Heimat. Er hoffte, dass er verwandelt zurückkam, als der, der er von Gott her ursprünglich ist. Der Pilgerweg sollte ihn in die einmalige und einzigartige Gestalt hineinführen, die Gott sich von ihm gemacht hat.

AUFBRUCH

Der Pilger macht sich auf den Weg. Er bricht zu einer Reise auf. Für mich ist das ein wunderbares Bild. Ich brauche nur den Assoziationen mit dem Wort »brechen – aufbrechen – abbrechen – ausbrechen – einbrechen – zerbrechen« zu folgen: Ich mache mich bereit für den Aufbruch. Ich breche auf. Ich breche alte Verbindungen ab, damit ich den Aufbruch wagen kann. Aufbrechen beinhaltet immer den Mut zu etwas Neuem, zu einem Abenteuer. Im Urlaub brechen viele Reisende auf, um Neues zu entdecken und zu erleben. Aufbrechen hat immer aber auch mit Abbrechen zu tun. Den gewohnten Gang des Alltags muss ich abbrechen, damit der Aufbruch gelingt. Der Aufbruch steht am Anfang eines Weges. Ich weiß noch nicht, was mich auf dem Weg erwartet. Oft verschieben Menschen den Aufbruch. Sie spüren, dass sie aufbrechen müssen. Aber zugleich haben sie Angst davor, das Gewohnte zurückzulassen und sich auf den Weg in die Fremde und in die Entfremdung vom bisher Vertrauten einzulassen.

Die Entfernung ist unwichtig.
Nur der erste Schritt
ist schwierig.

Marquise du Deffand

Wenn ich aufbreche, breche ich auch aus aus engen Bindungen, aus der Enge des Zuhauses, der Familie, der Firma. Ich breche aus dem Gefängnis aus, um die Freiheit zu spüren. Um ausbrechen zu können, muss ich die Gitterstäbe der Gefängnistür zerbrechen. Für Paulus ist der Glaube der Weg in die Freiheit. Im Glauben zerbreche ich die gewohnte Sicht der Dinge, um das Hintergründige zu schauen. Im Glauben zerbreche ich die Maßstäbe dieser Welt, die Maßstäbe von Leistung und Anerkennung. Ich breche auf in ein unbekanntes Land. Das Land des Glaubens ist ein Land der Verheißung. Aber ich sehe noch nicht, was dort wirklich ist. Ich vertraue, dass der Aufbruch gelingt und sich lohnt, dass er zum Ziel führt.

Jesus hat sich am Kreuz für uns zerbrechen lassen, um das Gebrochene und Zerbrochene in uns zu heilen und zu verbinden, um die Bruchstücke und Scherben unseres Lebens neu zusammenzusetzen. In der Eucharistie bricht der Priester das Brot, um an das Zerbrechen Jesu im Tod zu erinnern. Und er bricht das Brot, weil Christus sich im Tod ganz und gar für den Vater aufbrach, um sich in seine Hände fallen zu lassen. Das Brechen des Brotes will auch das Verhärtete in uns aufbrechen, damit wir uns innerlich öffnen für das Geheimnis der Liebe Gottes. So, wie wir ein Schloss aufbrechen, wenn wir keinen Schlüssel finden, so bricht Christus uns auf, weil wir den Schlüssel zu unserem Inneren verloren haben. Jesus wurde am Kreuz für uns verwundet. Ein Soldat brach seine Seite mit einer Lanze auf, um den Panzer aufzubrechen, den wir um unser Herz gelegt haben. Es gibt viele Menschen, die sich zugepanzert haben, damit sie ihre Gefühle unterdrücken und die Beziehung zu anderen Menschen nicht mehr spüren. Da braucht es ein Aufgebrochenwerden.

Das unruhige Herz ist die
Wurzel der Pilgerschaft.
Im Menschen lebt
eine Sehnsucht.
Augustinus

Andere verstecken sich hinter Masken und Rollen. Henry Nouwen, der holländische Priester und Psychologe, hat bei der Einweihung eines Recollectiohauses einmal Folgendes gesagt: Die Eucharistie, in der der Priester das Brot bricht, erinnert uns daran, dass wir selber alle gebrochene Menschen sind. Aber dort, wo wir gebrochen sind, zerbrechen unsere Rollen und Masken. Dort werden wir aufgebrochen für das Eigentliche. Dort bekommen wir Zugang zu unserem wahren Wesen, zu unserem inneren Kern. Und dort werden wir aufgebrochen für Gott und für das unbegreifliche Geheimnis seiner Liebe. Und wir werden aufgebrochen für unsere Mitmenschen. Wir bekommen einen neuen Zugang zu ihnen. Der Aufbruch will den Pilger aufbrechen für seine wahre Gestalt. Er will ihn aufbrechen für Gott. Und er will ihn auf neue Weise öffnen für die, die mit ihm auf dem Weg sind – sei es nun als Wegbegleiter oder als Menschen auf der weiten Welt, mit denen er sich verbunden fühlt, weil sie wie er auf dem Weg sind.

Wer den Aufbruch wagt, in dessen Leben bricht etwas Neues ein. Es ist kein feindlicher Einbrecher, der sein Haus plündert. Vielmehr bricht etwas ein, das sein inneres Haus bereichert und ausschmückt. Interessant ist, dass auch das deutsche Wort »Pracht« von »brechen« kommt. Wer aufbricht, in wen die Herrlichkeit Gottes einbricht, der kommt mit dem ursprünglichen Glanz in Berührung, den er von Gott her hat, der entdeckt in sich die Pracht, die Gott ihm gewährt. Der Aufbruch erinnert uns an die eigene Brüchigkeit und Gebrechlichkeit. Aber zugleich bricht er uns auf für die Pracht, die Gott uns geschenkt hat, für die Schönheit der Seele und für die Schönheit, die uns in der Schöpfung begegnet.

GEHEN

Der Pilger macht sich auf den Weg. Er geht seinen Weg. Das Gehen ist in der Bibel voller Symbolik. Unser Leben wird als Gehen verstanden. Wir brauchen nur einmal die Worte der Bibel zusammenzustellen, wo sie vom Gehen spricht. Die Bibel spricht davon, dass wir im Gesetz des Herrn wandeln (Exodus 16,4) und auf den Wegen des Herrn gehen sollen (Deuteronomium 8,6). Gehen und wandern und wandeln gehören zusammen. Wer wandert, wandelt sich. Wir sollen nicht im Finstern wandeln, sondern im Licht (Jesaja 1,5). Wir sollen in Demut vor unserem Gott wandeln (Micha 6,8). Paulus spricht sogar davon, dass wir in der »Neuheit des Lebens« (Römer 6,4) wandeln sollen, oder in der Liebe (Römer 14,15). Und Paulus spricht davon, dass wir hier auf Erden als Glaubende unseren Weg gehen und nicht als Schauende (2 Korinther 5,7). In all diesen Worten wird unser Leben als Weg verstanden, den wir gehen müssen. Auf diesem Weg machen wir die verschiedensten Erfahrungen. Wir fühlen uns bedroht. Aber wir vertrauen auch darauf, dass wir auf dem Weg geschützt sind. Wir können in den Gefahren unseres Lebens mit dem Psalmvers gehen: »Muss ich auch wandern in finsterer Schlucht, ich fürchte kein Unheil; denn du bist bei mir, dein Stock und dein Stab geben mir Zuversicht.« (Psalm 23,4)

WOHIN DU AUCH GEHST,
GEH MIT DEINEM GANZEN HERZEN.

KONFUZIUS

Wir sollen nicht nur in einer bestimmten Wirklichkeit gehen, sondern auch mit und vor Gott. Gott befiehlt dem Abraham: »Wandle vor mir und sei ungeteilt mit mir!« (Genesis 17,1) Wir sollen nicht einfach unseren Weg gehen, sondern uns dabei immer vergegenwärtigen, dass wir vor Gott gehen. Als Christen sagen wir, dass wir mit Christus unseren Weg gehen. Wir gehen nicht allein unseren Weg. Er geht mit uns, wie er mit den Emmausjüngern gegangen ist, um uns unser Leben auf neue Weise zu deuten. Wenn Christus mit uns geht, dann gehen wir nicht in die Irre, dann laufen wir nicht umsonst, sondern wandeln im Licht. Dann erkennen wir den Sinn unseres Weges. Auch wenn dieser Weg manchmal ein Umweg oder ein Irrweg zu sein scheint, im Gespräch mit Christus, der mit uns geht, erkennen wir wie die Emmausjünger den Sinn von allem, was wir auf dem Weg erleben.

Auf dem Weg gibt es Gefahren. Aber Gott verheißt uns, dass er uns schützen wird. Beim Propheten Jesaja heißt es: »Schreitest du auch durch Wasser, ich bin bei dir, durch Ströme, sie schwemmen dich nicht fort; gehst du durchs Feuer, du wirst nicht versengt, und die Flamme verbrennt dich nicht.« (Jesaja 43,2) Solche Worte können wir beim Gehen meditieren. Dann wird uns das Gehen an wichtige spirituelle Erfahrungen führen. Wir können uns beim Gehen auch Psalmverse zusagen und werden ihren Sinn erst wirklich im Gehen erahnen. Im Psalm 18 etwa heißt es: »Er führte mich hinaus ins Weite, er befreite mich, denn er hatte an mir Gefallen. Gott hat mich mit Kraft gegürtet, er gewährte mir einen Weg ohne Anstoß. Du schaffst meinen Schritten weiten Raum, meine Knöchel wanken nicht.« Solche Worte lassen mich anders gehen. Gehend erfahre ich meine eigene Kraft. Gott schenkt mir diese Kraft. Und Gott schützt mich auf meinen Wegen, so wie es uns Psalm 91 verheißt: »Denn seine Engel bietet er auf für dich, dich zu behüten auf allen Wegen. Auf Händen werden sie dich tragen, damit dein Fuß nicht an einen Stein stößt. Du wirst über Löwen und Nattern schreiten, kannst treten auf Löwen und Drachen.«

Niemand kann den Weg laufen,
wenn sein Herz von Enge
zusammengeschrumpft ist.
Mag der Weg auch eng sein,
dein Herz sei weit.

Ambrosius von Mailand

Als junger Mönch bin ich eine Woche lang mit Jugendlichen durch den Steigerwald gewandert. Beim Wandern haben wir immer auch eine stille Zeit eingelegt. Manchmal haben wir dabei über einen Bibeltext nachgedacht, den ich ihnen vorher ausgelegt habe. Manchmal habe ich die Jugendlichen eingeladen, schweigend mit einem Psalmvers zu gehen. Am ersten Tag mussten wir nach einer langen Wanderung einen Berg besteigen. Am Fuß des Berges habe ich den Vers aus Psalm 18 zur Meditation gegeben: »Mit dir erstürme ich Wälle, mit meinem Gott überspringe ich Mauern.« (18,30) Bevor die Jugendlichen die Mühsal des Weges so richtig gespürt haben, waren sie schon oben auf dem Berg. Der Vers hat ihren Schritten Kraft verliehen. Sie sind anders den Berg hinaufgegangen, als wenn sie miteinander gejammert hätten, wie steil der Berg ist.

Mit jedem Schritt berühre ich die Erde, und zugleich hebe ich den Fuß, um ihn ein Stück weiter wieder aufzusetzen. Diese Bewegung ist ein Bild dafür, dass wir zwar auf der Erde wandern, aber letztlich über sie hinaus gehen. Wir sind Pilger und Fremdlinge auf Erden (Hebräer 11,13). Wir haben hier keine letzte Heimat.
Oder, wie es der Hebräerbrief ausdrückt: »Wir haben hier keine Stadt, die bestehen bleibt, sondern wir suchen die künftige.« (13,14) Im Gehen können wir uns vorstellen, dass wir auswandern aus allen Bindungen. Wir sind unterwegs. Wir bleiben nicht stehen, sondern gehen immer weiter. Wir müssen uns ein Leben lang wandeln. Und wir wandern aus der Welt aus und über sie hinaus auf eine ewige Heimat zu. Wer sich dem Gehen überlässt, der macht all die Erfahrungen, die der Hebräerbrief für das wandernde Gottesvolk der Christen beschrieben hat. Wir sind auf dem Weg zu Gott, zur Heimat im Himmel. Auf diesem Weg sind wir bedrängt. Wir ziehen aus der festen Stadt aus. Der Hebräerbrief fordert uns auf: »Lasst uns also zu ihm vor das Lager hinausziehen und seine Schmach auf uns nehmen.« (13,13) Der Pilger hat nichts vorzuweisen. Er kann seinen Besitz und seinen Ruf nicht mitnehmen. Er ist den Schmähungen der Menschen ausgesetzt. Er geht mit Christus hinaus vor das Lager und erlebt, dass er oft genug nicht verstanden wird. Aber zugleich geht er voller Vertrauen, weil er in sich eine Stimme gehört hat, der er folgt. Der Hebräerbrief will müde gewordene Pilger im Vertrauen stärken: »Lasst uns mit Ausdauer in dem Wettkampf laufen, der uns aufgetragen ist, und dabei auf Jesus blicken, den Urheber und Vollender des Glaubens.« (12,1f) Wir schauen im Gehen auf den, der uns im Glauben und Vertrauen vorausgegangen ist. Indem wir auf Jesus schauen, bilden wir uns sein Bild ein, damit wir durch dieses Bild in Berührung kommen mit unserem wahren Selbst, mit dem innersten Kern, der unserem wahren Wesen entspricht. Im Gehen sollen wir alle fremden Bilder abwerfen, die uns einengen, und im Blick auf das Bild Jesu werden wir das eigene, ursprüngliche, unverfälschte Bild in uns entdecken, das Gott sich von uns gemacht hat. Wir gehen letztlich immer auf die Wahrheit zu, auf uns selbst, auf unser wahres Selbst.

K. 123,5

WEGWEISER

Auf dem Weg brauchen wir Wegweiser, damit wir den Weg nicht verfehlen und nicht in die Irre gehen. Solche Wegweiser stehen am Weg. Sie geben uns die Richtung an. Wegweiser können aber auch Menschen sein, die wir unterwegs treffen. Wir fragen sie nach dem Weg und sie weisen uns in die richtige Richtung. Der katholische Philosoph Max Scheler war in den zwanziger Jahren des letzten Jahrhunderts mit seiner Wertephilosophie ein wichtiger Wegweiser. Doch sein Lebenswandel entsprach nicht seiner hehren Philosophie. Als man ihn daraufhin ansprach, dass er mit seinem Leben nicht den Werten entspreche, die er verkünde, antwortete er: »Der Wegweiser weist in die Richtung, die wir gehen sollen. Aber er selbst geht nicht den Weg.« Diese Antwort stellt uns heute nicht zufrieden. Wir wollen einem Menschen nur dann folgen, wenn wir auch vertrauen, dass er selbst den Weg geht, den er uns weist.

Ich habe gelernt,
indem ich ging,
wohin ich gehen musste.

Theodore Roethke

4 WTV
8
RBAROSSAWEG
Elisabethpfad

Das Bild des Wegweisers war in der griechischen Philosophie und Mythologie sehr beliebt. Herakles stand vor einem Scheideweg. Er entschied sich für den Weg der Tugend und gegen den Weg der Weichlichkeit. Seit jeher war der Scheideweg, die Wegkreuzung, ein bedeutsamer Ort der Begegnung mit transzendenten Mächten, mit Göttern und Geistern. Der Scheideweg lädt uns zum Übergang in etwas Neues, in eine neue Lebensphase, zum Übergang vom Tod zum Leben oder vom Leben zum Tod ein. Er zeigt, dass unser Leben endlich und gefährlich ist. Wir können uns auch falsch entscheiden. Damit uns der Übergang gelingt, hat man in vielen Religionen am Scheideweg Obelisken, Altäre oder Steine aufgestellt. Die Christen haben an diesen Stellen oft Kreuze oder Marienstatuen oder Heiligenbilder als Bildstöcke oder kleine Kapellen aufgestellt. Diese sollen uns einladen, beim Bedenken der verschiedenen Wege uns für den richtigen Weg zu entscheiden. Für die Germanen waren die Scheidewege Treffpunkte von Hexen und bösen Dämonen. Gegen deren Macht wollten sich die Christen schützen, indem sie die Symbole ihres Glaubens dort aufgestellt hatten. Das Kreuz Christi war ein treffendes Symbol. Denn der Scheideweg ist ja auch ein Kreuzweg. Das Kreuz Christi zeigt, dass Christus alle vier Himmelsrichtungen mit seiner Liebe und seinem Heil erfüllt. Auf allen Wegen wird uns Christus begleiten. Und oft genug nahmen die Pilger einen Stab mit, auf den ein Kreuz geritzt war. Ein altes Lied, um das Jahr 1600 entstanden, preist das Kreuz mit den Worten: »Du bist der Stab der Pilger, daran wir sicher wallen, nicht wanken und nicht fallen.«

Wir stehen oft vor Kreuzungen oder Weggabelungen und wissen nicht, welcher Weg uns zum Ziel führt. In diese Sehnsucht nach dem richtigen Wegweiser hat uns Lukas das Bild Jesu gemalt. Jesus ist für den Griechen Lukas der Anführer zum Leben, der uns den Weg vorangegangen ist, den auch wir gehen sollen. Er hat uns mit seinem Leben gezeigt, dass auch unser Weg immer wieder durchkreuzt wird von allerlei Bedrängnissen. Aber das Ziel unseres Weges ist die Herrlichkeit Gottes, die doxa, der ursprüngliche Glanz, den Gott jedem von uns zugeteilt hat, das authentische Bild unseres wahren Selbst, in das wir hineinwachsen sollen. Jesus ist im Lukasevangelium der göttliche Wanderer, der mit uns unsere Wege geht und uns die eigenen Wege so deutet, dass wir sie verstehen. Er ist als der Auferstandene mit den Emmausjüngern unterwegs und erklärt ihnen, was der Sinn ihres Weges bisher war und wie er weiter geht. Auf dem Weg hält er immer wieder inne, um mit uns Mahl zu halten und sich mit uns über den Sinn unseres Lebens zu unterhalten.

Jesus selbst spricht vom engen und weiten Weg: »Geht durch das enge Tor! Denn das Tor ist weit, das ins Verderben führt, und der Weg ist breit, und viele gehen auf ihm. Aber das Tor, das zum Leben führt, ist eng, und der Weg dahin ist schmal, und nur wenige finden ihn.« (Matthäus 7,13f) Der breite Weg ist der Weg, den alle gehen. Er ist nicht unbedingt der Weg der Sünde, sondern der Weg, den alle unbewusst gehen. Der enge Weg ist der Weg, der nur für mich bestimmt ist. Und das enge Tor ist das Tor, durch das ich allein gehen soll. Jeder Mensch ist einmalig. Wir müssen den Weg finden, auf dem wir das entfalten, was Gott uns geschenkt hat. Wir sollen uns nicht einfach nach den andern richten und den andern nachlaufen, sondern unseren eigenen Weg gehen. Nur dann wird unser Leben fruchtbar und authentisch.

Der Glaube ist eine Oase,
die von des Denkens Karawane
niemals erreicht wird.
Khalil Gibran

Franz Kafka hat die schöne Parabel vom Schloss erzählt. Ein Mann geht zum Schloss, um durch die Tür ins Innere zu kommen. Aber die Tür hat einen Wächter. Der hindert den Mann am Hineingehen. Der Mann wartet und wartet vor der Tür. Jahre vergehen. Schließlich wird der Mann krank und ist kurz vor dem Sterben. Da schließt der Türhüter die Tür und sagt dem Wartenden: »Diese Tür war nur für dich bestimmt. Jetzt, da du stirbst, kann ich sie ja schließen.« Die enge Tür ist die Tür, die nur für mich bestimmt ist. Ich soll überlegen, welche Tür mich zum Leben bringt. Was ist meine tiefste Identität? Welchen Weg soll ich gehen? Die Tür weist mir den Weg. Aber ich muss sie erkennen und ich muss den Mut haben, durchzugehen. Denn das, was mich jenseits der Tür erwartet, ist unbekannt und fremd. Und es macht mir Angst. Da braucht es einen verlässlichen Wegweiser, der mir Mut macht, durch die Tür zu treten, auch wenn mich da manche Türhüter davon abhalten möchten, manche Stimmen, die mir einreden, ich würde den Weg sowieso nicht schaffen. Und es braucht den Mut zur Entscheidung. Wenn ich durch die Tür gehe, die mir bestimmt ist, wenn ich beim Scheideweg den Weg beschreite, den ich von meiner inneren Stimme her als richtig erkannt habe, dann schließe ich andere Wege und andere Möglichkeiten aus. Es gibt Menschen, die nach einer Entscheidung immer wieder zweifeln, ob sie sich richtig entschieden haben. Sie kommen auf ihrem Weg nicht voran.

Sie schauen immer wieder zurück und grübeln nach, ob ihr Weg denn wirklich richtig ist. Die Psychologie sagt uns: Wir müssen die Möglichkeiten, die wir durch unsere Entscheidung ausgeschlossen haben, betrauern. Nur dann kommen wir mit der Kraft in Berührung, die in uns ist. Und wir können kraftvoll den engen Weg, für den wir uns entschieden haben, weiter gehen. Er wird uns dann in die Weite führen. Der hl. Benedikt verspricht dem Mönch, der sich entschieden hat, den engen Weg des Heiles zu gehen, dass sich der Weg für ihn weitet: »Lass dich nicht sofort von Angst verwirren und fliehe nicht vom Weg des Heils; er kann am Anfang nicht anders sein als eng. Wer aber im klösterlichen Leben und im Glauben fortschreitet, dem wird das Herz weit, und er läuft in unsagbarem Glück der Liebe den Weg der Gebote Gottes.« (RB, Prolog 48f)

Im Johannesevangelium sagt Jesus das berühmte Wort: »Ich bin der Weg, die Wahrheit und das Leben.« (14,6) Jesus ist nicht nur der Wegweiser, sondern der Weg selbst. Wie sollen wir das verstehen? Wenn ich Jesus verstehe, wenn ich an ihn glaube, dann bin ich auf dem Weg zu Gott und auf dem Weg zum wahren Leben. Jesus kann ich nicht meditieren, ohne mich innerlich auf den Weg zu machen.

Wenn Du die Grenzen der Seele suchst, Du wirst sie niemals finden, auch wenn Du jeden Weg zu Ende gehst, so tiefen Wesensgrund hat sie.

Heraklit

Umgekehrt gilt aber auch: Wer auf dem Weg ist, wer den Mut hat, immer weiter zu gehen, der versteht das Geheimnis Jesu, selbst wenn er nicht mit dem Mund bekennt. Jeder, der sich auf den Weg macht, öffnet sich in seinem Herzen dem Geheimnis Jesu. In der Tiefe seines Herzens erkennt er Jesus als den, der ihn auf den Weg treibt.

Jesus – so sagt sein Wort vom Weg auch – ist Orientierung auf dem Weg. Er zeigt mir, wie mein Leben gelingen kann. Gerade heute sehnen wir uns nach einem Weg, der uns wirklich zum Leben führt. Es werden uns so viele Wege angeboten und angepriesen, dass es uns schwer fällt, zu wählen. Wenn ich zu meinen Vorträgen fahre, bin ich dankbar für klare Wegweiser, denen ich folgen kann. Aber manchmal ärgere ich mich auch, weil die Wegweiser unklar sind. Es ist nicht klar, ob ich jetzt oder nachher abbiegen soll. Oder manchmal hören die Wegweiser auf. Ich frage mich dann, ob ich einen Wegweiser übersehen habe. Wenn ich nicht auf der Landkarte nachschaue, wüsste ich nicht, in welche Richtung ich fahren soll, um den Bestimmungsort zu erreichen. So geht es uns mit den vielen Wegweisern, die uns heute auf dem spirituellen und psychologischen Markt angeboten werden. Wenn Jesus sagt, dass er selbst der Weg ist, dann heißt das für mich: Ich meditiere Jesus, ich versuche, ihn zu verstehen. Dann weiß ich mich auf dem richtigen Weg zu Gott. Jesus ist der eigentliche Weg zu Gott. Das heißt nicht, dass ich den Andersgläubigen abspreche, dass sie auf dem Weg zu Gott sind. Ich vertraue darauf, dass auch sie zu Gott finden. Aber ich bin dankbar, dass Jesus mir Klarheit schenkt über mich selbst und diese Welt und dass ich in ihm Gott selbst finde. »Wer mich gesehen hat, hat den Vater gesehen.« (Johannes 14,9) Wenn ich auf Jesus schaue, geht mir Gott auf. In Jesu Antlitz leuchtet Gottes Herrlichkeit auf. Da geht mir die Wahrheit auf. Wahrheit heißt im Griechischen »aletheia« und bedeutet Unverhülltsein. Der Schleier, der über allem liegt, wird weggezogen, und ich blicke durch. Ich schaue auf den Grund des Seins.

NUR IM GEHEN ÖFFNEN SICH DIE RÄUME UND TANZEN DIE ZWISCHENRÄUME! NUR IM GEHEN DREHE ICH MICH MIT DEN ÄPFELN IM BAUM. NUR DEM GEHENDEN WÄCHST EIN HAUPT AUF DEN SCHULTERN.

PETER HANDKE

Jesus sagt im Zusammenhang mit dem Weg noch ein anderes Wort: »Ich bin die Tür.« (Johannes 10,7) Jesus will damit sagen: Wenn du auf die Tür schaust, dann entdeckst du, wer ich bin. Durch mich öffnet sich die Tür zu dir und deinem Innern. Durch mich findest du die Tür zum Herzen anderer Menschen. Und ich bin die Tür, die dir den Zugang zu dem Weg ermöglicht, den du gehen sollst. Ich bin die Tür, durch die du zu Gott kommst. Wenn wir dieses Bildwort Jesu auf das Bild des Wegweisers übertragen, dann heißt das für mich: Wenn ich den Wegweiser meditiere, dann geht mir das Geheimnis Jesu auf und das Geheimnis meines eigenen Weges. Mein Leben ist ein Weg. Aber nicht jeder Weg führt zum Ziel. Ich brauche Wegweiser, damit ich mir Kraft erspare. Denn sonst muss ich jeden Weg zu Ende gehen, um zu erkennen, wohin er führt. Der Wegweiser ist also energieschonend. Und er schützt mich vor Irrwegen, die nicht nur nicht ans Ziel führen, sondern die gefährlich werden könnten. Wenn ich im Gebirge den Wegweiser übersehe, dann kann ich leicht in abwegiges Gelände kommen, in dem ich auf einmal nicht mehr weiter kann oder vor einem Abgrund stehe.

So lädt uns jeder Wegweiser, den wir auf unseren Wegen entdecken, ein, über das Geheimnis unseres Weges nachzudenken und über das Geheimnis Jesu, den Gott uns als den Wegweiser zum wahren Leben geschickt hat, einen Wegweiser, der aber nicht stehen bleibt, sondern der mit uns unsere Wege geht, der uns aufrichtet, wenn wir fallen, der uns Mut macht, wenn wir nicht mehr weiter wollen, und der unsere Wunden heilt, wenn wir uns verletzt haben.

HERBERGE

Auf dem Weg wollen die Pilger immer wieder einkehren. Sie suchen nach einer Herberge, in der sie übernachten können, in der sie sich geschützt und geborgen wissen. Das Wort »Herberge« kommt ursprünglich vom »Heerlager«. Das Heer lagerte am Berg. Dort war es geschützt vor feindlichen Übergriffen. Doch schon bald bedeutete Herberge den Ort, an dem der Fremde über Nacht bleiben konnte, an dem er verpflegt wurde. Heute sprechen wir nur noch von Jugendherberge. Wir meinen eine einfache Unterkunft für Menschen, die auf dem Weg sind und ausruhen möchten. Die Jugendherberge hat einen Herbergsvater, der für die jungen Menschen sorgt und ihnen auf ihrem Weg Sicherheit und Halt vermittelt.

Am Ziel deiner Wünsche wirst
du jedenfalls eines vermissen:
dein Wandern zum Ziel.

Marie Freifrau von Ebner-Eschenbach

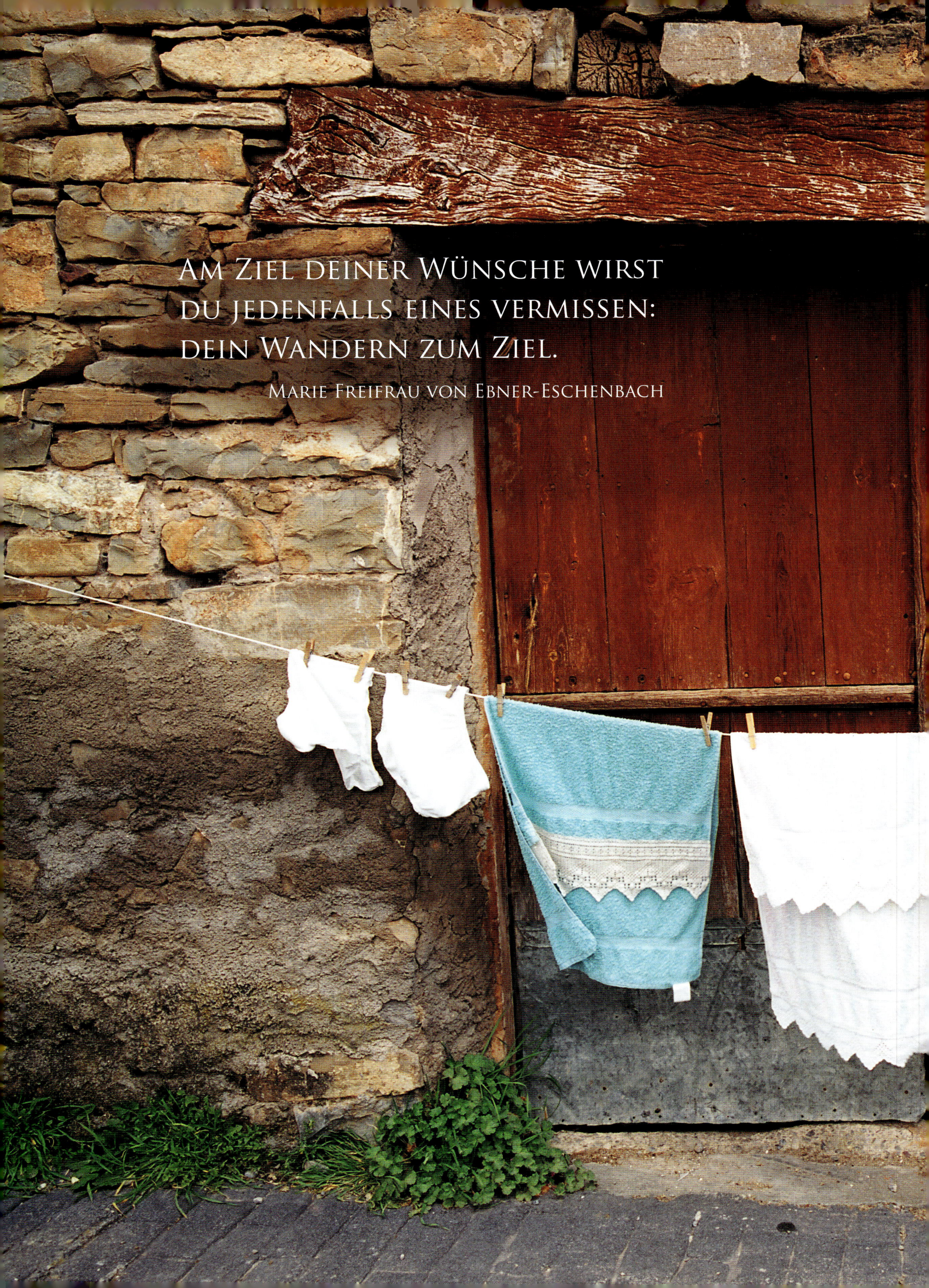

Martin Luther hat das Wort von der Herberge geliebt. Maria und Joseph finden in Bethlehem keine Herberge für sich. So beschreibt Lukas die Geburt Jesu: Maria »wickelte ihn in Windeln und legte ihn in eine Krippe, weil in der Herberge kein Platz für sie war.« (2,7) Jesus wird als Fremder geboren, ohne den Schutz einer Herberge. Jesus selbst erzählt die Geschichte vom barmherzigen Samariter, der den halbtot am Straßenrand Liegenden auf sein Reittier lud und ihn in die Herberge brachte (Lukas 10,34). Die Herberge ist der Ort, an dem der verletzte Mann Pflege und Heilung erfährt. Lukas denkt hier nicht nur an ein Gasthaus, das für den verwundeten Mann zur Herberge wird, sondern auch an Gott. Denn nach einer Auslegung der Kirchenväter ist Christus selbst der Samariter, der Fremde, der uns, die wir wund geschlagen am Wegrand liegen, auf sein Reittier, seinen Leib, auflädt, um uns zur Herberge Gottes zu tragen. Gott selbst wird unsere Wunden heilen. Die Herberge, in die der Samariter den halbtoten Mann trägt, ist aber auch ein Bild für viele Pilger geworden. Sie brauchen unterwegs eine Herberge, um sich von ihren Strapazen zu erholen, aber auch um ihre Wunden zu heilen, die sie sich unterwegs zugezogen haben. Sie brauchen oft einen guten Herbergsvater, der für sie sorgt und ihre Wunden verbindet. Aber sie dürfen nicht in der Herberge bleiben. Sie müssen wieder weiter gehen auf dem Weg.

Das letzte Abendmahl will Jesus in einer Herberge halten, in einem Gästehaus, in dem er mit seinen Jüngern alleine ist. Luther übersetzt die Frage, die Jesus den Jüngern aufträgt, mit: »Wo ist die Herberge, darin ich das Osterlamm essen möge mit meinen Jüngern?« (Lukas 22,11) Jesus wünscht einen geschützten Raum, in dem er mit seinen Jüngern das Paschamahl halten kann, in dem er ihnen im gebrochenen Brot und im Kelch mit dem vergossenen Wein seinen Leib und sein Blut reicht. Die Intimität der Liebe, die Jesus seinen Jüngern beim letzten Abendmahl erweist, braucht den Schutz der Herberge.

Das deutsche Wort Herberge hat einen zärtlichen Klang. Es klingt nach Geborgenheit. In der Herberge bergen wir uns bei lieben Menschen, die für uns sorgen. Der Fremde findet bei guten Freunden eine Herberge, in der er sich angenommen und geliebt weiß. Das Wort Herberge wird zum Bild für einen Zufluchtsort, zu dem ich fliehen kann, um mich zu schützen vor feindlichen Gefahren. So ein Zufluchtsort muss nicht immer ein Haus sein. Es kann auch das Herz eines lieben Menschen zu einer Herberge werden, in der ich mich bergen darf, in der ich verstanden werde, in der ich sein darf, wie ich bin.

Herberge ist immer nur eine Unterkunft auf Zeit, auf dem Weg, unterwegs. Johannes deutet Jesus als das Wort, das Fleisch geworden ist und unter uns gezeltet hat. Jesus hat sich hier auf der Erde kein Zuhause eingerichtet. Er hat nur gezeltet. Zelt ist eine Herberge, die nur für unterwegs gilt. Der Pilger weiß, dass er immer nur kurz in der Herberge bleiben darf. Wenn er zu lange in der Herberge bleibt, verliert er den Schwung, weiter zu gehen. Von dieser Gefahr erzählen uns die Märchen. Da sendet der König seinen Sohn aus, damit er ihm das Wasser des Lebens hole. Doch der erste und der zweite Sohn bleiben in der Herberge hängen. Sie essen und trinken und vergessen den Auftrag, den der Vater ihnen gegeben hat. Nur der dritte Sohn entgeht der Gefahr, sich in der Herberge festzukleben. Er macht sich weiterhin auf den Weg. So ist die Herberge immer nur Heimat für eine kurze Zeit. Dann muss der Pilger wieder aufbrechen, um weiter zu gehen.

Die Liturgie spricht in der Präfation von den Verstorbenen von der Herberge der irdischen Pilgerschaft: »Wenn die Herberge der irdischen Pilgerschaft zerfällt, ist uns im Himmel eine ewige Wohnung bereitet.« Die Herberge, in der wir auf dem Weg einkehren können, verweist uns daher immer schon auf die ewige Wohnung, in der wir für immer daheim sein werden. Die Herbergen bergen uns auf dem Weg. Aber für immer geborgen werden wir erst sein, wenn wir aufgenommen werden in die Wohnung, die Jesus uns bereitet hat. Jesus hat seinen Tod als Weg zum Vater verstanden: »Ich gehe, um eine Wohnung für euch vorzubereiten.« (Johannes 14,2) Jedes Haus, in dem wir uns hier zuhause fühlen, trägt in sich die Verheißung von einem anderen Haus, in dem wir für immer daheim sind. Daheim sein kann man nur, wo das Geheimnis wohnt. In der Wohnung, in der Gott, das Geheimnis, wohnt, erfahren wir wahre Heimat.

UMKEHR

Die Predigt Jesu beginnt mit dem Wort: »Die Zeit ist erfüllt, das Reich Gottes ist nahe. Kehrt um, und glaubt an das Evangelium!« (Markus 1,15) Das griechische Wort »metanoiein« heißt eigentlich »umdenken«. Die Bibel denkt bei diesem Wort vor allem, dass die Wende des Menschen in einem erneuerten Denken beginnt. Der Mensch soll anders denken, soll hinter die Dinge schauen und nicht einfach die Denkmuster seiner Umgebung übernehmen. Die meisten Übersetzer glauben jedoch, dass das, was Jesus gemeint hat, am besten mit »umkehren« ausgedrückt werden kann. Umkehren meint eine Kehre machen. Kehre ist die Wende. Ich wende alles um. Ich gehe nicht einfach so weiter wie bisher. Ich kehre von dem Weg, der in die Irre führt, um und gehe den Weg weiter, der mich zum Ziel führt. Die Bibel kennt für diese Umkehr oder Bekehrung ein anderes Wort: »epistrephein«. Das griechische Wort meint: sich umwenden, umkehren, aber auch: sich hinwenden, sich jemandem zuwenden, seinen Sinn ändern. Und das Substantiv bezeichnet den Lebenswandel. Damit ist ausgedrückt, dass der Mensch sich sein ganzes Leben lang wandeln, wenden, umwenden, umkehren muss. Mit dem Wort »epistrephein« fordert Petrus seine Zuhörer auf dem Tempelplatz auf: »Kehrt um, und tut Buße, damit eure Sünden getilgt werden und der Herr Zeiten des Aufatmens kommen lässt.« (Apostelgeschichte 3,19) Als klarstes Beispiel der Bekehrung schildert uns Lukas in der Apostelgeschichte die Bekehrung des Saulus zum Paulus. Da wird ein Mensch wirklich herumgedreht, umgewendet. Er tut gerade das Gegenteil von dem, was er bisher getan hat. Statt die Christen zu verfolgen, verkündet er nun überall die Botschaft Jesu und wird um ihretwillen nun selbst verfolgt.

WENN MAN DIE RUHE NICHT IN SICH SELBST FINDET, IST ES UMSONST, SIE ANDERSWO ZU SUCHEN.

FRANÇOIS DE LA ROCHEFOUCAULD

Die Lateiner übersetzen das Umdenken (metanoein) oft mit poenitemini (tut Buße) und das Umkehren (epistrephein) mit convertere. Convertere heißt eigentlich, gemeinsam eine Kehre machen oder aber: so umkehren, dass das bisher auseinander Triftende wieder zusammen kommt. Die Umkehr will also etwas ganz machen, was vorher auseinander gebrochen war. Und convertere meint: das Leben so umwenden, dass alles zusammen stimmt. Im Wandern soll sich mein Leben so wandeln, dass ich in Einklang komme mit mir selbst und mit allem, was ist. Im Mönchtum wurde dieser Begriff dann als »conversatio« für den klösterlichen Lebenswandel gebraucht. In diesem Wort steckt nicht nur die Lebensweise des Mönches, sondern auch die Vorstellung, dass sich das Leben des Mönches ständig wandelt, dass es ein Verwandlungsprozess ist. Das Ziel dieses Verwandlungsweges ist, dass der Mönch immer mehr mit sich selbst und mit Gott eins wird.

Pilgerschaft hat immer mit Umkehr und Bekehrung zu tun. Der Aufbruch des Pilgers ist schon eine Umkehr. Der Pilger kehrt um von den bisherigen Wegen. Die Umkehr soll ihm helfen, sich zu bekehren, seinem Leben eine Wende zu geben. Wer sich bekehrt, der bekennt damit, dass sein bisheriger Weg nicht gut war. Die Bibel versteht unseren Weg als ständigen Weg der Bekehrung. Manche schildern ihre Bekehrungserlebnisse mit großen Worten. Vorher war alles nichts. Und dann haben sie sich in einem Augenblick bekehrt – und alles ist nun heil und wunderbar. Doch bei solchen Bekehrungserlebnissen bin ich immer skeptisch. Da wird oft die eigentliche Umkehr übersprungen. Bekehrung ist ein dauerndes Geschehen.

DEFENSE DE
STATIONNER

Die Psychologie hat sich mit dem Thema der Bekehrung und der Umkehr befasst. Es gibt im Leben von Menschen oft einschneidende Bekehrungserlebnisse. Diese sind meistens Reaktionen auf eine Krise, die alles in Frage stellt. Auf einmal wird ein inneres Gleichgewicht wieder hergestellt. Der Mensch findet in sich einen tiefen inneren Frieden und die Gewissheit über seinen Weg. Allerdings ist die Psychologie auch kritisch gegenüber solchen Bekehrungserlebnissen. Denn manchmal werden da nur die Ideologien vertauscht. Die Ideologie hat immer mit dem eigenen Über-Ich zu tun. Da wird eine Droge durch eine andere abgelöst. Auch Gott kann zur Droge werden, mit der man die Droge des Alkohols verdrängt. Gott ist aber auf einer anderen Ebene. Wenn er nur als Droge benutzt wird, dann geschieht keine Verwandlung. Eine wahre Bekehrung ist immer ein Prozess der Verwandlung des Menschen. Der alte Mensch wird in den neuen verwandelt. Das Kriterium einer geglückten Bekehrung ist immer die innere Weite und Freiheit und der Friede, der von einem Bekehrten ausgeht. Wir kennen aber auch den Rigorismus mancher Neubekehrter. Da spürt man, dass nur ein Über-Ich-Ideal durch ein anderes ersetzt worden ist. Es ist ein Herrschaftswechsel der Ideen, aber keine wirkliche Verwandlung. Die Bekehrung, zu der uns die Umkehr des Pilgers führen möchte, ist ein Prozess der Umwandlung. Sie ist ein Weg. Der Pilger macht sich auf den Weg, um umzukehren von falschen Wegen. Aber er weiß, dass diese Umkehr einen langen Weg voraussetzt. Sie geschieht auf dem Weg. Aber auch nach der Heimkehr muss der Pilger weiterhin umkehren. Denn die Heimkehr kann oft zur Rückkehr werden. Man ist zwar einen Weg gegangen, aber als der alte Mensch zurückgekommen. Die innere Bekehrung ist ausgeblieben. Die Umkehr des Pilgers ist eine Hilfe für die Bekehrung. Aber sie garantiert sie nicht.

DER LANGSAME SIEHT MEHR.

STEN NADOLNY

Umkehr kann für den Pilger aber auch noch etwas anderes bedeuten. Manchmal muss er auf seinem Weg umkehren, weil er verkehrte Wege gegangen ist. Er hat sich auf den Weg verlassen, aber gar nicht darauf geachtet, wohin dieser führt. So mancher Pilger hat tiefe Erfahrungen dabei gemacht, dass er einen ganzen Tag in die falsche Richtung gegangen ist und nun umkehren und den doppelten Weg zurücklegen muss. Solche Erfahrungen bleiben nicht einfach nur äußerlich. Sie sind voller Symbolik. Sie zeigen uns, dass wir im Alltag auch oft genug meinen, auf dem richtigen Weg zu sein. Und erst ein Mensch, der uns anspricht, lässt uns erkennen, dass wir in die falsche Richtung gegangen sind. So ist unser Leben eine ständige Umkehr und Bekehrung. Und es ist ein beständiges Umdenken (metanoia), eine Einübung in ein anderes Denken, in ein Denken, das hinter die Dinge sieht und das Eigentliche in allem erkennt.

NACHFOLGE

Die christliche Weisheit hat das Pilgern immer auch als Einübung in die Nachfolge Jesu Christi verstanden. Der Begriff der Nachfolge ist für die Bibel und für die christliche Tradition zentral. Er beschreibt das Wesen des Christlichen. Wir sind nicht einfach nur auf einem Weg. Wir folgen auf diesem Weg Jesus nach. Jesus ist der Bibel nach der göttliche Wanderer, der vom Himmel herab kommt, um mit uns unsere Wege zu gehen und uns auf dem Weg einzuweisen in das Geheimnis unseres Lebens und in das Geheimnis Gottes. Jesus ist im Lukasevangelium der Wanderer, der immer wieder unterwegs einkehrt bei den Menschen. Er geht den Jüngern voraus. Er ist der »archegos tes zoes«, der Anführer zum Leben. Sein Weg führt über das Kreuz in die Herrlichkeit Gottes. So wird auch unser Weg uns durch viele Bedrängnisse in das Reich Gottes führen. Der Blick auf Jesus Christus lässt uns mit Vertrauen und Kraft unseren Weg gehen, auch wenn dieser manchmal beschwerlich ist.

KOMM' AUS DEM MEER
WIE REGENWOLKEN – REISE!
DENN OHNE REISEN
WIRST DU NIE ZUR PERLE.

FARIDUDDIN ATTAR

Die Evangelien erzählen uns, wie Jesus die Jünger in die Nachfolge ruft. Markus berichtet uns, wie Jesus am See von Galiläa entlang ging und die beiden Brüder Simon und Andreas ihre Netze auswerfen sah. Er spricht sie an: »Kommt her, folgt mir nach! Ich werde euch zu Menschenfischern machen.« (1,17) Jesus mutet den beiden Brüdern zu, dass sie ihren Beruf und ihre Verwandtschaft zurücklassen, um ihm nachzufolgen. Doch Jesus verspricht ihnen auch etwas. Er will sie zu Menschenfischern machen. Er wird das, was sie bisher getan haben, auf eine andere Ebene heben. Sie werden nicht mehr Fische fangen, sondern Menschen für Gott gewinnen. Die Reaktion der beiden Brüder ist erstaunlich: »Sogleich ließen sie ihre Netze liegen und folgten ihm.« (Markus 1,18) Einen solchen inneren Ruf braucht es auch, um sich für einen Pilgerweg zu entscheiden. Man macht sich nicht auf den Weg, so wie man in Urlaub fährt. Es braucht einen Ruf. Oft ist dieser Ruf sehr leise, eine innere Ahnung. Aber irgendwann hat man das Gefühl, man müsse sich jetzt auf den Weg wagen, nicht nur für einen Tag, sondern für länger. Es geht um eine Einübung in die Nachfolge Jesu. Um der inneren Stimme im eigenen Herzen folgen zu können, muss ich die Netze hinter mir lassen, die Netze meiner Arbeit, aber auch die Beziehungsnetze und die Netze, in denen ich verstrickt bin und aus denen ich nicht mehr heraus finde.

Zur Zeit Jesu bedeutete Nachfolge ganz konkret, zusammen mit ihm durch Galiläa zu ziehen und von ihm gesandt die Botschaft vom Reich Gottes zu verkünden. Heute hat Nachfolge eine andere Bedeutung. Jeder Mensch soll dem inneren Ruf folgen. In seinem Herzen spricht Christus zu ihm und ruft ihn auf einen Weg, auf dem er zum Segen für andere werden kann, auf dem er seine ganz persönliche Lebensspur in diese Welt eingräbt. Jeder folgt auf seinem Weg andern nach. Ob wir wollen oder nicht, andere sind uns vorausgegangen. Manchmal folgen wir nur dem Trott der andern. Manchmal folgen wir den Vorstellungen anderer, den Ideen, die andere uns eingetrichtert haben. Das deutsche Wort »folgen« stammt ursprünglich von der Heeresfolge. Wer sich auf das Heer einlässt, muss sich nach den Gesetzen des Heeres richten, er muss den Befehlen des Offiziers folgen. So hat folgen oft mit befolgen zu tun, mit gehorsam sein. Das deutsche Wort folgen hat noch andere Bedeutungen. Es meint nicht nur, hinter jemandem hergehen, sondern hat auch eine zeitliche Bedeutung. Ein Tag folgt dem andern. Und es zeigt eine kausale Verknüpfung. Aus dieser oder jener Einsicht folgt etwas anderes. Wenn das so ist, folgt daraus, dass ich mein Leben danach ausrichten muss. Nachfolgen hat oft eine innere Folgerichtigkeit. Wenn ich Jesus nachfolge, muss ich mich nach ihm richten. Daher hat die geistliche Tradition Nachfolge oft auch mit Nachahmung (imitatio) zusammen gesehen.

… das Wichtige ist der Weg, den man zurückgelegt hat, die Reise, die man gemacht hat, wenn einem bewusst wird, dass man die Betrachtung verlängert, dann beobachtet man nur noch sich selbst, oder schlimmer noch, man wartet darauf, dass man beobachtet wird.

José Saramago

Die Evangelisten überliefern uns viele Nachfolgeworte Jesu. Diese gelten für uns heute genauso wie damals für die Jünger. Da ist einmal das hart klingende Wort: »Wer mein Jünger sein will, der verleugne sich selbst, nehme täglich sein Kreuz auf sich und folge mir nach.« (Lukas 9,23) Zur Zeit Jesu bedeutete das Kreuz auf sich zu nehmen, mit dem gewaltsamen Tod am Kreuz zu rechnen. Wenn Lukas vom »täglichen« Kreuz spricht, dann meint er etwas anderes. Nachfolge heißt damit rechnen, dass unsere Pläne immer wieder durchkreuzt werden, dass uns etwas in die Quere kommt, dass uns manches aufgeladen und zugemutet wird. Das Kreuz auf sich nehmen heißt dann, Ja zu sagen zu dem, was mich durchkreuzt und mir von außen widerfährt, das äußere Widerfahrnis in einen Akt der Hingabe zu verwandeln. Sich selbst verleugnen bedeutet nicht, sich zu verbiegen oder sich zu entwerten, sondern frei zu werden von der Herrschaft des Ego, mit seinem wahren Selbst in Berührung zu kommen, der leisen inneren Stimme Jesu zu folgen, und nicht den lauten Stimmen, die von außen auf uns einströmen. Wer Jesus nachfolgen will, der muss sich freimachen von der Herrschaft des eigenen Egos und von den Vorstellungen, die er sich vom Leben gemacht hat. Er muss ausziehen aus dem eigenen Ego und bereit sein, sich auf das einzulassen, was ihm auf seinem Weg widerfährt.

Nachfolge braucht die Freiheit vom eigenen Ego, aber auch die Freiheit von den Bindungen an die Eltern. Als Jesus einen jungen Mann aufforderte, er solle ihm nachfolgen, erwiderte der: »Lass mich zuerst heimgehen und meinen Vater begraben. Jesus sagte zu ihm: Lass die Toten ihre Toten begraben; du aber geh und verkünde das Reich Gottes!« (Lukas 9,59f) Wer sich als Pilger auf den Weg machen und der inneren Stimme seines Herzens folgen will, der darf nicht warten, bis seine Eltern ihn ziehen lassen. Er muss dem inneren Ruf folgen. Jesus – so meint C.G. Jung - hat wie kein anderer Religionsstifter die Einzigartigkeit jedes Menschen ernst genommen. Er macht ihm Mut, seinen eigenen Weg zu gehen und sich nicht nach den Erwartungen der Familie zu richten. Das Wort, dass die Toten die Toten begraben sollen, ist natürlich symbolisch zu verstehen. Jesus will sicher nicht die Pietät den Verstorbenen gegenüber verbieten. Aber mit dem eigenen Weg zu warten, bis der Vater gestorben ist, das lässt den Sohn oder die Tochter selbst innerlich tot sein. Die innere Stimme im eigenen Herzen ist wichtiger als die Stimme des Vaters oder der Mutter.

Ähnlich heißt es im folgenden Nachfolgewort: »Wieder ein anderer sagte: Ich will dir nachfolgen, Herr. Zuvor aber lass mich von meiner Familie Abschied nehmen. Jesus erwiderte ihm: Keiner, der die Hand an den Pflug gelegt hat und nochmals zurückblickt, taugt für das Reich Gottes.« (Lukas 9,61f) Ich erlebe viele junge Menschen, die unbedingt ihren eigenen Weg gehen wollen. Aber dennoch möchten sie auch, dass die Eltern und die Familie ihren Weg gut heißen. Wir wollen uns nach allen Seiten absichern, dass wir den richtigen Weg gehen. Pilgersein ist etwas anderes. Es bedeutet, dass ich dem inneren Impuls folge und nicht bei allen um Erlaubnis frage, ob ich den Weg der Pilgerschaft gehen darf. Der Pilger geht auf ein Ziel zu. Er kann nicht ständig zurückschauen und überlegen, ob er nicht lieber doch daheim geblieben wäre, weil es da so Wichtiges zu tun gäbe. Nachfolge heißt: den Blick nach vorne richten und den Weg gehen, zu dem man sich im Herzen berufen fühlt. Wer seinen Weg zu sehr kontrolliert, dessen Furchen werden krumm. Es braucht den Mut, Altes zurückzulassen und nach vorne zu schauen. Der Pilger ist nicht auf die Vergangenheit gerichtet, sondern auf die Zukunft.

Achtung!
Hier nach rechts!
H. Freund

ANKUNFT

Das Ziel des Pilgerweges ist anzukommen. Das äußere Ziel ist oft ein Wallfahrtsort, zu dem hin man sich auf den Weg gemacht hat. Es kann aber auch ein inneres Ziel sein. Die Mönche verstanden sich als Pilger, obwohl sie nicht zu einem Wallfahrtsort gepilgert sind. Sie sahen die Pilgerschaft in einem beständigen Unterwegssein, ohne an ein Ziel zu kommen. Das Ziel der Mönche war der Himmel, den sie im Tod erreichten. Doch auch die Pilger, die sich ein äußeres Ziel für ihren Weg gesetzt haben, sehen den Wallfahrtsort oder ihren Zielort immer als Bild für ein inneres Ankommen. Letztlich möchten sie auf ihrem Pilgerweg bei sich selbst ankommen. Sie möchten zu sich selbst kommen. Sie haben sich auf den Weg gemacht, weil sie gespürt haben, dass sie innerlich zerrissen sind, dass sie nicht bei sich sind. Sie gehen nach außen lange Wege, um sich auf den inneren Weg zu sich selbst zu machen, in der Hoffnung, dass sie nicht nur das äußere Ziel finden, sondern sich selbst finden, das wahre Selbst in sich entdecken und damit in Berührung kommen.

Erst wenn wir aus unserer Herkunft heraustreten, können wir sie als solche erkennen und fühlen.

Karl Otto Hondrich

Wer nach einer langen Wanderung am Wallfahrtsort ankommt, der wird von starken Gefühlen heimgesucht. Er hat nicht nur das Gefühl, etwas geschafft zu haben. Es ist eine Ahnung, dass er jetzt an einen heiligen Ort gekommen ist und dass er sich selbst dort auf eine neue Weise erfahren wird. Viele Wallfahrtsorte sind heute Marienkirchen. Nach der langen Wanderung bietet eine Marienkirche einen Ort der Geborgenheit, gleichsam einen Mutterschoß, in dem man sich ausruhen darf, in dem man neu geboren wird. Das Ziel der Wallfahrt ist ja eine Neugeburt. So hat die Pilgerfahrt nach Santiago de Compostela im Mittelalter neun Monate gedauert. So wie das Kind neun Monate im Mutterschoß bleibt, so wandert der Pilger, bis er als neugeborener Mensch daheim wieder ankommt.

Der Pilger will am Ziel ankommen. Er will aber auch wieder daheim gesund und erneuert ankommen. Das lateinische Wort für Ankunft heißt Advent. Wir feiern eine eigene Adventszeit, in der wir die Ankunft Jesu Christi feiern, die Ankunft vor zweitausend Jahren, das Kommen Jesu am Ende der Welt und das Kommen in jedem Augenblick. Das deutsche Wort Abenteuer kommt von Advent. Wer nach langen Wegen am Ziel ankommt, der hat viele Abenteuer erlebt. Der Pilgerweg war im Mittelalter immer voller Gefahren. Und es war nicht selbstverständlich, heil anzukommen. Aber auch jetzt ist jeder Pilgerweg voller Abenteuer. Es werden keine Räuber mehr sein, denen man glücklich entgeht. Aber es gibt genügend innere Abenteuer für den, der sich auf den inneren Weg der Pilgerreise macht. Der Pilger wird auf dem Weg ständig mit sich selbst konfrontiert, mit seinen Grenzen und Schwächen, aber auch mit neuen Möglichkeiten und Fähigkeiten, die er auf einmal in sich entdeckt.

Das deutsche Wort Ankunft wird im Mittelalter häufig auch im Sinn von Abkunft, Abstammung, Ursprung verwendet. Wer am Ziel ankommt, der kommt letztlich auch an seinem Ursprung an. Er spürt auf einmal, woher er kommt. Er kommt dort an, wo er herkommt. Er erkennt seinen Urgrund, seinen Ursprung. Letztlich kommt er von Gott. Gott ist das Ziel seines Weges, aber auch der Ursprung, von dem er ausgeht. Wenn er bei sich ankommt, kommt er auch bei Gott an. Und er kommt bei seiner eigenen Geburt an. Er wird im Pilgern letztlich neu geboren. Er kommt mit dem ursprünglichen und unverfälschten Bild in Berührung, das Gott sich von ihm gemacht hat.

Möge Gott, der deinen Weg kennt
und die Plätze, an denen du ruhst,
mit dir sein, während du wartest,
möge er die gute Nachricht sein
und dich ewiglich führen.

Gemeinschaft der Iona

Das Wort »Ankommen« wird im Deutschen noch in anderer Weise gebraucht. Wir sagen von einem Menschen, der bei andern beliebt ist: Er kommt gut an bei den Wählern, bei den Mitarbeitern, bei den Zuhörern. Er erreicht die Herzen. Er kommt in ihre Herzen. So ist der Pilger von der Sehnsucht geprägt, dass er nicht nur bei sich und bei Gott ankommt, sondern auch bei den Menschen. Wer zu sich gekommen ist, der ist auch fähig, zu den Menschen zu kommen, in ihrem Herzen anzukommen. Von ihm geht etwas Angenehmes aus. Man spürt ihm an, dass er bei sich angekommen ist. In seiner Nähe fühlt man sich wohl. Bei einem andern, der noch nicht bei sich angekommen ist, der noch auf der Flucht ist vor sich selbst, spürt man eher Unbehagen. Da geht Unruhe aus, Zerrissenheit, Unklarheit. Sie möchte man lieber meiden. Die Sehnsucht anzukommen am Ziel, bei Gott, bei sich selbst, ist so zugleich die Verheißung, dass sich auch die Beziehungen zu den Menschen wandeln.

Noch eine andere Bedeutung kennen wir im Deutschen. Da lässt es einer darauf ankommen, ob ein Fest stattfindet oder nicht. Wenn wir gefragt werden, wie wir den Sachverhalt beurteilen, antworten wir oft: Es kommt darauf an, wie man an die Sache herangeht, wie man sie sieht. So könnte man sagen: Der Pilger lässt es darauf ankommen, dass sein Leben gelingt. In seinem Ankommen kommt es darauf an, dass sein Pilgerweg ihn verwandelt hat, dass er das Wesentliche in seinem Leben erkannt hat, dass er sich selbst gefunden hat, seine Spur des Lebens, und dass er Gott gefunden hat, der seine Ankunft segnet und ihn nun als neuen Menschen seinen Weg weiter gehen lässt.

Die christliche Mystik hat das Ankommen des Pilgers als Ankunft in der heiligen Stadt beschrieben. Jerusalem steht für die heilige Stadt, die den Menschen heil und ganz macht. In der heiligen Stadt, so ist die Hoffnung christlicher Mystik, werden wir eins mit Gott. Die Stadt ist ein mütterliches Symbol, ein Symbol für den Gott, der uns Geborgenheit schenkt. Oft ist es die Stadt, die auf dem Berge liegt. Zu ihr muss man aufsteigen. Die Ankunft in der heiligen Stadt ist also keine Regression in die mütterliche Geborgenheit, sondern ein Aufstieg in eine höhere Ebene, in die Ebene des Einswerdens mit Gott. Das Buch der Offenbarung, das letzte Buch der Bibel, spricht von der heiligen Stadt Jerusalem, die aus dem Himmel herabkommt, »erfüllt von der Herrlichkeit Gottes« (21,11). In dieser Stadt gibt es keinen Tempel. »Denn der Herr, ihr Gott, der Herrscher über die ganze Schöpfung, ist ihr Tempel, er und das Lamm.« (Offenbarung 21,22) Das ist ein Bild dafür, dass der Pilger in der Heiligen Stadt eins ist mit Gott. Das Ziel des Pilgers ist die Einswerdung mit Gott. Daher ist die Spiritualität des Pilgerseins immer eine mystische Spiritualität. Der Pilger macht sich auf den Weg der Selbstwerdung, um eins zu werden mit sich selbst, um bei sich anzukommen. Aber er geht seinen Weg auch, um bei Gott anzukommen, um mit Gott eins zu werden. In diesem Einswerden mit Gott erlebt er die Erfüllung seiner Sehnsucht, die ihn auf den Weg getrieben hat.

Schluss

Der Mensch ist von seinem Wesen her ein Pilger, einer, der auf dem Weg ist. Er hat hier keine letzte Bleibe. Der Tod stellt jedes Sich-Einrichten hier auf der Erde in Frage. Der Tod zeigt dem Menschen, dass er in der Welt im Grunde ein Fremdling ist, einer, der sich auf den Weg nach der ewigen Heimat macht. Doch der Pilger drückt nicht nur seine Sehnsucht nach der ewigen Heimat aus. Er möchte hier schon ankommen. Er macht sich auf den Weg, um am Ziel seiner Pilgerschaft anzukommen, an den Wallfahrtsorten, die seit Jahrhunderten aufgeladen sind mit Energie, mit Hoffnung, mit Zuversicht, mit dem Vertrauen, dass dort Gott einem näher ist als zu Hause, dass er dort Gott begegnen kann, der ihm das Geheimnis seines Weges erhellt. Doch auch am Ziel seiner Pilgerfahrt kann sich der Pilger nicht einrichten. Er kommt dort an, um bei sich anzukommen. Aber er kehrt auch wieder zurück an den Ort, von dem aus er aufgebrochen ist. Er trägt jedoch die Hoffnung in sich, dass er anders daheim ankommt, als ein verwandelter Mensch, als einer, der weise geworden ist, der in den Grund der Welt geschaut hat.

Im Wandern hat der Pilger erfahren, dass er auf seinem Wege immer weiter gehen muss, dass er nicht stehen bleiben kann, ohne mit sich selbst uneins zu werden. Wenn er sich treu bleiben will, so muss der Pilger gehen. Wenn er Mensch werden will, muss er wandernd sich wandeln, um im Tod als der letzten Wandlung vom Leben ganz durchdrungen und verwandelt zu werden. Dann hat er seine Bestimmung erfüllt, dann ist er angekommen, daheim. Der Mensch ist nicht bei sich zu Hause, sondern er ist auf dem Weg nach Hause. Doch solange er auf dem Weg ist, fühlt er sich unbehaust. Er wird nur dann eine Heimat finden, in der er sich niederlassen kann, wenn er aus sich selbst auszieht und sich auf den Weg zu Gott macht, der ihn anzieht und solange auf den Weg schickt, bis er sich nicht mehr bei Vorläufigem aufhält, sondern bei Gott selbst ankommt und bei ihm für ewig daheim ist. So wird dem Pilger mehr als dem Daheimgebliebenen das Geheimnis seiner menschlichen Existenz klar, dass er letztlich immer auf dem Weg ist, auf dem Weg nach Hause: »Wohin denn gehen wir – immer nach Hause.«

Bibliografische Information der Deutschen Nationalbibliothek
Die Deutsche Nationalbibliothek verzeichnet diese Publikation in der Deutschen Nationalbibliografie; detaillierte bibliografische Daten sind im Internet über http://dnb.d-nb.de abrufbar.

1. Auflage

© Fotos: Jürgen Hohmuth, zeitort.de
Fotografische Koordination: Jana Juni, Berlin
Druck und Einband: Print Consult GmbH, München
ISBN 978-3-579-06469-7

www.gtvh.de

Bildlegenden

08/09 Gipfelkreuz in den Alpen
10/11 Sonnenaufgang am Klosterstift Heiligengrabe
12/13 Schloßpark Steinhöfel in der Mark Brandenburg
16/17 El Camino de Santiago de Compostela
18/19 Wegzeichen in Aragon, Spanien
20/21 Die Jakobsmuschel, das Symbol der Pilger, die in Santiago de Compostela waren
22/23 Gipfelpfad in den Seealpen
24/25 Kreuzgang im Kloster San Juan de la Pena: Grablege der Könige von Aragon, Spanien
26/27 Jerusalem, Israel
28/29 Dorfgasse in den Pyrenäen, Aragon, Spanien
30/31 Brunnen neben Pilgerkirche im Elsass, Frankreich
34/35 Brunnen auf der Alm
38/39 Ligurische Alpen
40/41 Italien
42/43 Jakobsweg, Galicien, Spanien
44/45 Bauernhof in Frankreich
46/47 Höhle im Tal der Loire, Frankreich
48/49 Elisabethweg in Hessen, Deutschland
50/51 Das Tal von Valcamonica, Italien
52/53 Wasserfall in den Pyrenäen, Spanien
54/55 Die Höhle von Franz von Assisi, Laverna, Italien
56/57 Abendstimmung auf der Insel Usedom, Deutschland
58/59 Überquerung der Seealpen zwischen Italien und Frankreich
60/61 Jakobsweg im Pyrenäenvorland
62/63 Meilenstein auf dem Jakobsweg
64/65 Elisabethweg in Hessen, Deutschland
66/67 Alter Weidepfosten als Wegmarkierung, Spanien
68/69 Weg auf den Pfaffenstein im Elbsandsteingebirge, Sachsen, Deutschland
70/71 Feld bei Chartre, Frankreich
72/73 Gartentor an der Côte d´Azur, Italien
74/75 Neue Straße in den Seealpen, Frankreich
76/77 Gipfelkreuz in den Seealpen zwischen Frankreich und Italien
78/79 Hessischer Hochwald
80/81 Am Langkofel in Südtirol, Italien

LITERATUR

Patrick M. Arnold, Männliche Spiritualität. Der Weg zur Stärke, München 1991.
Heribert Fischedick, Der Weg des Helden. Selbstwerdung im Spiegel biblischer Bilder, München 1992.
Anselm Grün, Auf dem Wege. Zu einer Theologie des Wanderns, Münsterschwarzach, 9. überarbeitete Auflage 2002.